BIOGRAPHIE

DE

M. P. F. MONCOUTEAU

BIOGRAPHIE

DE

M. P. F. MONCOUTEAU

EX-ORGANISTE DE SAINT-GERMAIN-DES-PRÉS

Professeur de composition,
Ancien répétiteur à l'Institution des Jeunes Aveugles,
Auteur de plusieurs ouvrages sur l'enseignement de l'harmonie
et de la composition musicale,
Organiste de Saint-Nicolas-du-Chardonnet.

PAR

H. JOSSE
SON ÉLÈVE ET AMI

PARIS

IMPRIMERIE DE PILLET FILS AINÉ

RUE DES GRANDS-AUGUSTINS, 5

1872

M. Moncouteau (Pierre-François) naquit à Villejuif, près de Paris, le 3 janvier 1805. Son père était cultivateur et sa mère laitière. Privé de la vue dès sa naissance, il fut, à l'âge de sept ans, placé à l'Institution des jeunes aveugles. Il étudia le piano d'abord avec un professeur aveugle, nommé Dupuis; et plus tard avec madame Vanderburch, mère du célèbre auteur dramatique de ce nom. Il reçut de MM. Laxeux et Marigues les premières leçons d'harmonie et d'orgue. Ses trois derniers professeurs, ainsi que plusieurs autres, donnaient généreusement des leçons gratuites à quelques élèves de l'Institution.

Avant de quitter l'établissement, M. Moncouteau

y enseigna pendant plusieurs années la musique, la grammaire, la géographie et le calcul, et en sortit en 1825. Après avoir touché l'orgue dans plusieurs paroisses de Paris, notamment aux Missions étrangères, et ensuite à Saint-Sulpice et aux Invalides, comme suppléant de M. Ségean, organiste de ces deux dernières paroisses, M. Moncouteau obtint en 1841 la place d'organiste de Saint-Germain-des-Prés, où il resta jusqu'en 1861. A cette époque, des raisons particulières lui firent donner sa démission. Depuis lors, il remplaça à différentes reprises M. Dugard, organiste de Saint-Nicolas-du-Chardonnet, qui finit par renoncer à sa place; M. Moncouteau fut immédiatement reçu organiste de cette paroisse (octobre 1866).

En 1833, M. Moncouteau épousa madame Fonsèque, veuve de celui qui avait été son professeur de mathématiques.

Cette dame fut aussi bonne pour son second mari qu'elle l'avait été pour son premier et pour sa mère; mais, en 1844, la mort vint mettre un terme à cette heureuse union. Le mari pleura longtemps la perte de son épouse bien-aimée et faillit en mourir de chagrin. Cependant il se remaria en 1848 et épousa mademoiselle Vacher, qui avait été la camarade d'enfance de sa première femme. Ce nouveau mariage ne fut pas moins heureux que le premier sous le rapport de la sympathie entre les deux époux. Madame Moncouteau se plaisait à entourer des soins les plus touchants son mari, qui, du reste, lui rendait tendresse pour tendresse, et qui se plaisait à répéter souvent, en parlant des deux femmes qu'il a eues, qu'elles étaient deux anges gardiens que le bon Dieu lui avait donnés.

APPLICATION DU PROCÉDÉ EN POINTS A L'ÉCRITURE MUSICALE DES AVEUGLES.

Quelque temps après sa sortie de l'Institution, M. Moncouteau résolut de se livrer à l'enseignement de l'harmonie. Il continua l'étude de cette science dans les ouvrages des grands maîtres. Les jeunes enfants chargés de le conduire, et que lui-même avait instruits, lui faisaient ses lectures. Mais désirant pouvoir travailler seul, il chercha le moyen d'appliquer à la musique le procédé en points dont les aveugles se servent pour écrire les paroles, et il réussit. Avant lui, il n'y avait eu à cet égard que des tentatives infructueuses. A l'aide de son procédé, M. Moncouteau fit de nombreux extraits du traité de contre-point et de fugue de M. Fétis, et quand il eut mis la dernière main à son procédé, il le rédigea et l'envoya, ainsi que la première reprise de sa sonate (1) écrite selon ce procédé, à M. Braille, professeur à l'Institution des jeunes aveugles. Celui-ci écrivit à ce sujet plusieurs lettres à M. Moncouteau ; dans l'une d'elles se trouve la phrase suivante : « Le peu de place que tient votre sonate a électrisé tout le monde. »

Il devenait beaucoup plus facile d'imaginer d'au-

---

(1) M. Moncouteau avait précédemment publié quelques variations faciles sur l'air de *la Dame blanche* :

        Ah! quel plaisir d'être soldat, etc.,

et une sonate intitulée *l'Espérance*.

tres systèmes d'écriture musicale. Les moyens étaient connus, et il ne s'agissait pour ainsi dire plus que d'attribuer à chaque signe une valeur différente de celle assignée par M. Moncouteau.

On fit un autre procédé à l'Institution ; on y conserva une partie des combinaisons de M. Moncouteau, auquel M. Braille communiqua ce nouveau travail. M. Moncouteau y fit des observations qui furent accueillies, et c'est ainsi que fut créé le procédé pour écrire la musique aujourd'hui en usage chez les aveugles.

DESCRIPTION DU MILACORD.

M. l'abbé Laroque, dans le but de mettre toutes personnes étrangères à la musique à même d'exécuter du plain-chant sur un orgue ordinaire, avait inventé un mécanisme qu'il appela *milacord*. Le milacord comprenait quatre claviers de chacun trente touches et se plaçait au-dessus du clavier de l'orgue. Chaque touche du milacord, agissant sur ce clavier, faisait entendre une note de basse et un accord pour l'accompigner. Le papier sur lequel on indique les touches qu'il s'agit d'enfoncer pour l'exécution des différentes pièces de plain-chant se place au-dessus du milacord. On y trace des lignes perpendiculaires aux claviers du mécanisme et l'on écrit sur ces lignes des signes particuliers qui vont successivement en descendant. Le rôle de l'exécutant consiste à enfoncer la touche qui est au bas de la ligne où le signe est placé. Le signe le plus élevé indique la première touche, celui de dessous marque la seconde touche, et ainsi de suite. Pour faciliter ce travail, on relie les signes entre eux par des lignes obliques qui conduisent l'œil d'un signe à l'autre ; chaque signe fait en outre connaître à quel clavier appartient la touche qui doit être abaissée.

Vers 1839, M. Laroque pria M. Moncouteau de lui composer une série d'accords dans laquelle on trouvât ceux absolument nécessaires pour bien accompagner toute espèce de plain-chant. Il raconte lui-même, dans son prospectus, que les musiciens auxquels il avait précédemment adressé pareille demande se moquèrent de lui. La question en effet était fort embarrassante puisqu'il fallait, pour la résoudre, prévoir toutes les circonstances harmoniques auxquelles peut donner lieu l'accompagnement du plain-chant en général ; or, le plain-chant, à cause de ses tournures particulières, présente aux harmonistes des difficultés dont ils ne peuvent triompher que par une longue habitude. M. Moncouteau, par de savantes et ingénieuses combinaisons, résolut le problème de la manière la plus satisfaisante. Il composa deux séries d'accords : l'une pour mettre le plain-chant à la partie supérieure, l'autre pour le mettre à la basse.

Le mécanisme pour avoir le plain-chant à la basse fut seul exécuté, et les accords indiqués par M. Moncouteau ont suffi pour accompagner le chant parisien, le chant romain et celui de beaucoup de diocèses. Le milacord figura avec honneur à l'exposition de 1839. Un grand nombre de journaux rendirent hommage à la pureté et à la douceur de l'harmonie qu'on y entendait.

Disons maintenant quels furent les accords indiqués par M. Moncouteau. Il fit écrire sur le papier des accords parfaits et des accords de sixte sur les treize notes naturelles prises comme basse à partir du sol, sur la première ligne de la clef de fa, jusqu'au mi sur la première ligne de la clef de sol, ainsi que sur quelques notes diésées ou bémolisées, telles que fa dièse et si bémol. Les accords parfaits étaient produits sous trois faces différentes et les accords de sixte sous deux. Ainsi, dans sa pensée, une touche de la mécanique devait faire entendre un ut à la basse, accompagné par mi, sol, ut; une autre donnerait le même ut accompagné par sol, ut, mi; une troisième produirait l'accord ut, ut, mi, sol, et de même pour les autres accords. Il dicta aussi des accords pour passer dans les tons voisins du ton d'ut, tels que l'accord ré, la, ré, fa dièse et l'accord la, ut, fa dièse pour moduler en sol; l'accord sol, si bémol, mi, pour accompagner le sol quand on se trouve en ré mineur et en fa majeur, etc.

Au moyen des accords propres aux modulations et des différentes faces, un homme habile peut trouver dans le milacord tous les éléments d'une harmonie correcte et liée. Veut-on, par exemple, accompagner par des accords parfaits les trois notes de basse la, sol, ut, on peut prendre d'abord la touche qui donne la à la basse accompagné par mi, la, ut; puis au lieu de faire l'accord sol, ré, sol, si, qui produirait deux quintes et deux octaves entre la basse et les parties supérieures, on fera l'accord sol, sol, si, ré, puis à volonté ut, sol, ut, mi, ou ut, mi, sol, ut. Si le la était accompagné par ut, mi, la, on ferait ensuite sol, ré, sol, si, puis ut, mi, sol, ut, ou ut, ut, mi, sol. Les treize notes de sol à mi adoptées par M. Moncouteau suffisent pour exécuter toutes les pièces de plain-chant; en effet, aucune d'elles en particulier ne parcourt plus de 12 notes en comptant de la plus basse à la plus élevée. M. Moncouteau accompagna dans le ton naturel où ils sont écrits dans les livres de plain-chant, tous ceux qui ne montent pas plus haut que le mi, et baissa d'une quarte tous ceux qui montent plus haut que cette note. Le plain-chant ainsi accompagné sur le milacord se transpose ensuite dans le ton convenable pour la voix des chantres, car le mécanisme peut se repousser à droite ou à gauche, demi-ton par demi-ton, selon qu'on veut monter ou baisser le ton du plain-chant. M. Moncouteau retrancha de sa liste d'accords tous ceux qu'il ne jugea pas indispensables. Mais pour ajouter aux ressources du compositeur, il pria M. Laroque de chercher le moyen de faire disparaître les trente accords du clavier supérieur qui ne devaient servir que pour le plain-chant, afin de les remplacer par d'autres plus utiles pour les pièces musicales ; le moyen fut trouvé. Outre les accords indiqués plus haut, le mécanisme renfermait quelques accords de quarte et sixte, de septième de dominante, dont la septième était à la partie supérieure.

Il y avait aussi une suite de notes sans accompagnement ou avec la tierce inférieure qui servaient à faire des notes de passage comme dans la phrase suivante : ut noire pointée, ré croche, mi noire pointée, fa croche et sol ronde, que l'on peut rendre ainsi : 1° la touche qui donne l'accord ut, mi, sol, ut; 2° celle qui donne le ré seul; 3° l'accord la, la, ut. mi ; 4° le fa seul; 5° l'accord sol, si, ré, sol. On voit par cet exposé que M. Moncouteau ne négligea rien pour tirer le meilleur parti possible des cent vingt touches renfermées dans le milacord.

OUVRAGES DE M. MONCOUTEAU.

A partir de 1842, M. Moncouteau publia sur différentes parties de l'art musical une série d'ouvrages dont le succès est dû à une rédaction claire, précise, dégagée de toute prétention scientifique, au plan bien conçu de ses ouvrages, ce qui les rend faciles à étudier, et à la modicité des prix.

Voici ses ouvrages dans l'ordre de leur publication :

Manuel de transposition musicale. Prix net... 2 fr.
Traité d'harmonie contenant les Règles et les Exercices nécessaires pour apprendre à bien accompagner un chant. Prix net......... 5 fr.
Exercices harmoniques et mélodiques d'après un plan nouveau qui permet d'acquérir plus

promptement l'habitude d'employer les accords avec goût. Prix net................ 3 fr.

Explication des accords ou Abrégé des premiers principes de l'harmonie. Prix net.... 1 fr.

Recueil de leçons d'harmonie, donnant le moyen de repasser facilement les marches et les formules harmoniques les plus usitées. Prix net............................. 2 fr.

Résumé des accords appliqués à la composition, donnant le moyen de s'exercer à composer dès les premières leçons. Prix net.,...... 2 fr.

Traité de contre-point et de fugue, précédé d'une récapitulation de toute l'harmonie. Prix net............................ 3 fr.

Paris, Léon GRUS, éditeur, boulevard Bonne-Nouvelle, 31.

Méthode d'accompagnement du plain-chant avec le chant à la basse et à la partie supérieure. Prix net................... 16 fr. »

Deux offertoires pour grand orgue ou harmonium. Prix net.................... 1 fr. 50

Paris, Adrien LE CLERE et C⁰, libraires-éditeurs, rue Cassette, 29.

3 *O salutaris, Contemplamini.* Ces quatre mo-
tets sont avec accompagnements d'orgue
ou piano. Prix marqué de chacun d'eux. 2 fr. 50

Paris, Eugène MATHIEU, éditeur, rue Bonaparte, 30

Indépendamment des obstacles que rencontrent presque toujours les compositeurs à leur début, les aveugles ont à en surmonter bien d'autres qui naissent de leur infirmité. M. Moncouteau ne put trouver d'éditeur pour son premier ouvrage didactique, le Manuel de transposition. Quoique sans fortune, il résolut de faire paraître lui-même ses ouvrages et il attendit que les frais de l'un fussent à peu près couverts pour entreprendre une nouvelle publication. Ses ouvrages devinrent plus tard la propriété de M. Grus. Depuis, M. Le Clerc, édita la Méthode d'accompagnement du plain-chant, et cela grâce à la recommandation de M. Félix Clément qui, dans cette circonstance comme en beaucoup d'autres, ne cessa de donner à celui qui avait été son maître d'harmonie les preuves du plus sincère dévouement. Une autre difficulté pour M. Moncouteau, était d'écrire ses manuscrits et de corriger les épreuves; ses élèves vinrent à son aide et se chargèrent de ce soin. Il existait entre ceux-ci et leur professeur une affection réciproque qui ne s'est jamais démentie, et c'est comme témoignage d'amitié que l'auteur dédia quelques ouvrages à MM. Félix Clément, Paul Henrion, Michel Moring, Hector Josse et Ferdinand Luçon, ses élèves. Son Excellence le ministre de la maison de l'empereur et des beaux-arts honora de sa souscription, en 1863, les cinq ouvrages suivants de M. Montcouteau : le Traité d'harmonie, le Traité de contre-point et de fugue, le Résumé des accords appliqué à la composition, les Exercices harmoniques et mélodiques et le Recueil de leçons d'harmonie.

CONSEILS AUX CLAIRVOYANTS SUR LA MANIÈRE D'INSTRUIRE LES AVEUGLES.

Il y a quelques années, un homme de cœur, le docteur Blanchet, médecin de l'Institution des sourds-muets de Paris, conçut la généreuse idée de mettre ces infortunés, ainsi que les aveugles non admis dans les établissements spéciaux, à même de recevoir l'instruction élémentaire comme les clairvoyants dans les écoles ordinaires. Il fallait d'abord trouver des instituteurs. M. Blanchet s'adressa aux Frères de la doctrine chrétienne et pria M. Moncouteau de les aider de ses conseils pour l'éducation des aveugles.

Nous croyons utile de reproduire les conseils de M. Moncouteau, car chacun de nous est exposé à rencontrer des aveugles dans sa famille ou dans celle de ses amis.

Lorsqu'il fut en présence des frères, il leur dit que dans l'enseignement des aveugles, on pouvait à la rigueur se passer de tout procédé particulier et qu'ils étaient en mesure pour leur compte de commencer dès le jour même. Il faut, ajouta-t-il, donner à l'aveugle l'instruction de la même manière qu'on la donne au clair voyant. Seulement comme son infirmité lui interdit de faire par lui-même aucune lecture, il est nécessaire de lire pour lui. En conséquence, l'ordre à suivre est : 1° d'apprendre par cœur à l'élève le nom des lettres de l'alphabet sans lui parler de leur forme ; 2° on lui apprend comme au clair voyant à épeler les syllabes, par exemple celles qui se trouvent dans la prière, Notre Père qui êtes aux Cieux, le maître nommant toujours les lettres qui composent la syllabe puis le mot entier; 3° une fois arrivé à ce degré d'instruction, on lui fait appliquer les premières règles de la grammaire.

Par exemple celles relatives à la formatiou du pluriel dans les noms, du féminin et du pluriel dans les adjectifs, etc., absolument comme si l'élève jouissait du sens de la vue ; 4o On lit à l'élève un abrégé d'histoire, de morale chrétienne, un traité scientifique quelconque en rapport avec le développement de son intelligence, en ayant soin de l'interroger et de lui expliquer les passages embarrassants ; 5° pour l'enseignement de la musique, on doit commencer par faire connaître à l'enfant aveugle le nom des notes, la signification des valeurs, etc., comme sourds-muets de Paris, conçut la généreuse idée de mettre ces infortunés, ainsi que les aveugles non admis dans les établissements spéciaux, à même de recevoir l'instruction élémentaire comme les clairvoyants dans les écoles ordinaires. Il fallait d'abord trouver des instituteurs. M. Blanchet s'adressa aux Frères de la doctrine chrétienne et pria M. Moncouteau de les aider de ses conseils pour l'éducation des aveugles.

Nous croyons utile de reproduire les conseils de M. Moncouteau, car chacun de nous est exposé à rencontrer des aveugles dans sa famille ou dans celle de ses amis.

Lorsqu'il fut en présence des frères, il leur dit que dans l'enseignement des aveugles, on pouvait à la rigueur se passer de tout procédé particulier et qu'ils étaient en mesure pour leur compte de commencer dès le jour même. Il faut, ajouta-t-il, donner à l'aveugle l'instruction de la même manière qu'on la donne au clair voyant. Seulement comme son infirmité lui interdit de faire par lui-même aucune lecture, il est nécessaire de lire pour lui. En conséquence, l'ordre à suivre est : 1° d'apprendre par cœur à l'élève le nom des lettres de l'alphabet sans lui parler de leur forme ; 2° on lui apprend comme au clair voyant à épeler les syllabes, par exemple celles qui se trouvent dans la prière, Notre Père qui êtes aux Cieux, le maître nommant toujours les lettres qui composent la syllabe puis le mot entier; 3° une fois arrivé à ce degré d'instruction, on lui fait appliquer les premières règles de la grammaire.

Par exemple celles relatives à la formatiou du pluriel dans les noms, du féminin et du pluriel dans les adjectifs, etc., absolument comme si l'élève jouissait du sens de la vue ; 4o On lit à l'élève un abrégé d'histoire, de morale chrétienne, un traité scientifique quelconque en rapport avec le développement de son intelligence, en ayant soin de l'interroger et de lui expliquer les passages embarrassants ; 5° pour l'enseignement de la musique, on doit commencer par faire connaître à l'enfant aveugle le nom des notes, la signification des valeurs, etc., comme à un clair voyant, sans se préoccuper de la forme, du signe graphique, et lui faire apprendre par cœur les exercices et les morceaux qu'il devra étudier.

Les Frères de la doctrine chrétienne furent étonnés de la simplicité de cette méthode, qui est aussi rationnelle que facile à suivre.

AMÉLIORATIONS RELATIVES A LA CONSTRUCTION DES ORGUES A TUYAUX.

En 1862, M. Moncouteau fut chargé de s'entendre avec M. Loret, facteur d'orgues, pour la construction d'un orgue neuf pour l'église de Villejuif, son pays natal. M. Moncouteau demanda au facteur qu'au lieu d'éloigner les pédales de combinaisons, quelques-unes fussent rapprochées entre elles, deux à deux, et cela pour permettre à l'organiste d'appuyer à la fois deux pédales avec un seul pied, de sorte que l'autre reste disponible pour faire autre chose. Par exemple, si l'une des deux pédales rapprochées amène le bourdon de seize pieds et l'autre le prestant, il suffit pour amener les deux jeux à la fois, de mettre le pied en plein sur les deux pédales. Si l'on ne veut avoir qu'un seul jeu on appuie seulement le pied sur la pédale de gauche ou sur celle de droite.

On ne pourrait avec des pédales ordinaires à cause de leur écartement, amener ensemble les deux jeux qu'en se servant des deux pieds. M. Loret exécuta bien cette heureuse innovation, et fit un orgue de dix-sept jeux dont la mise en harmonie est parfaite.

Après de longues méditations, M. Moncouteau conçut le projet d'améliorations bien plus importantes encore. Ce fut à cette occasion qu'il adressa au Ministre de l'agriculture, du commerce et des travaux publics une demande d'un brevet d'invention pour des perfectionnements dans la construction des orgues à tuyaux et à anches libres. L'auteur de cette demande ne crut pas devoir y donner suite, et la retira quelques temps après.

Le système de M. Moncouteau consiste à mettre deux registres pour chacun des jeux de l'orgue.

L'un de ces registres permet de faire parler le jeu tout entier sur le clavier du grand orgue, et l'autre, de faire parler également le même jeu tout entier sur le clavier de récit ou sur tout autre. Il résulte de là que l'organiste peut faire entendre de la main droite un ou plusieurs jeux et accompagner avec la main gauche par des jeux différents, tous ces jeux appartenant à un même clavier.

Veut-on faire, par exemple, un duo de hautbois et de cromorne; cela est impossible sur un orgue ordinaire si les deux jeux sont sur le même clavier. Mais dans un orgue ayant deux registres pour chaque jeu il y a deux manières de le faire : on peut mettre le hautbois au récit, et le cromorne au clavier du grand orgue, ou bien on peut mettre le cromorne au récit et le hautbois sur l'autre clavier. Si un orgue suivant le nouveau système se compose de dix jeux, on peut les réunir tous sur un même clavier et mettre sur l'autre les jeux qu'on voudra, soit un, deux, trois, quatre, etc. Toutes ces combinaisons sont inexécutables avec un orgue ordinaire; mais avec l'orgue à double registre, l'organiste a la faculté de faire toutes les combinaisons résultant du nombre de jeux dont se compose son instrument. Les idées de M. Moncouteau lui furent inspirées par la remarque qu'il fit que dans certaines orgues le facteur avait fait parler séparément à la pédale le bourdon de seize pieds du grand orgue. La réflexion lui montra l'avantage qu'il y aurait de pouvoir mettre à volonté le même jeu sur deux, trois ou quatre claviers différents. Tout ce que nous venons de dire est expliqué dans un manuscrit de M. Moncouteau, qui renferme diverses manières d'appliquer son système. On y trouve aussi le calcul des combinaisons qu'il est possible de faire avec un orgue ordinaire de dix jeux, et avec le même orgue construit comme il le demande. Voici comment l'auteur parvint à établir le résultat : deux jeux produisent trois combinaisons, on peut les mettre séparément ou ensemble. Trois jeux donnent sept combinaisons ; le troisième jeu peut s'ajouter à chacune des trois combinaisons précédentes, ou être seul, ce qui fait quatre nouvelles combinaisons à ajouter aux trois ci-dessus marquées, total sept. Quatre jeux donnent quinze combinaisons (le quatrième jeu peut s'ajouter à chacune des sept combinaisons résultant de trois jeux, ou être seul); ce sont donc huit combinaisons à ajouter aux sept déjà trouvées, total quinze.

Cinq jeux donnent trente et une combinaisons.

Six jeux en donnent soixante-trois.

Sept jeux, cent vingt-sept.

Huit jeux, deux cent cinquante-cinq.

Neuf jeux, cinq cent onze.

Dix jeux, mille vingt-trois.

On voit que le nombre des combinaisons, c'est-à-dire des manières de disposer les registres, est de mille vingt-trois dans un orgue ordinaire de dix jeux ; mais ce nombre serait de 1,048,575 pour le même orgue selon le nouveau système. En effet, cet orgue est censé avoir dix jeux et par conséquent mille vingt-trois combinaisons à chaque clavier; mais il est clair que chacune des mille vingt-trois combinaisons de l'un pourra s'ajouter à chacune des mille vingt-trois combinaisons de l'autre, le nombre des combinaisons résultant de la réunion des claviers est donc le produit de mille vingt-trois par mille vingt-trois, c'est-à-dire un million quarante-six mille cinq cent vingt-neuf, qui étant ajouté aux combinaisons des deux claviers séparés, forme un total de 1,048,575 (1). Si l'on ne veut soumettre qu'un seul jeu à l'action du double registre, on obtiendra encore de bons résultats. Par exemple, en ajoutant un second registre au bourdon de seize

---

(1) Voici quelques autres indications ;

25 jeux forment 33,554,431 combinaisons.

40 jeux forment 1,099,511,627,775 combinaisons.

50 jeux forment 1,125,899,906,842,623 combinaisons.

100 jeux comme l'orgue de Saint-Sulpice donnent :

    1,267,650,600,228,229,401,496,703,205,375 combinaisons.

Ces chiffres doivent être exacts, car M. Moncouteau les a obtenus en suivant des marches différentes mais également sûres.

pieds du grand orgue pour l'avoir au clavier de récit composé de cinq jeux, ce clavier étant censé avoir six jeux sera susceptible de soixante-trois combinaisons au lieu de trente et une données par les cinq jeux réels.

M. Moncouteau fit lire son manuscrit d'abord à M. Félix Clément, Merklin et Cavaillé-Coll. Il s'adressa aussi à d'autres facteurs et à des ouvriers. Tout le monde reconnut la justesse de ses idées, mais on ne connaissait pas de bons moyens d'exécution. M. Cavaillé-Coll fut plus explicite et dit à M. Moncouteau : « Ce n'est point une utopie, on peut faire ce que vous proposez; ce sera bon surtout pour les petites orgues, mais il est à craindre que le mécanisme soit coûteux et sujet à se déranger. » Or, pour qu'il y ait avantage, il faut que le mécanisme du nouvel orgue marche aussi bien que celui d'un orgue ordinaire et que le prix soit à peu près le même. M. Moncouteau continua de propager ses idées, dans l'espoir qu'un jour elles rencontreraient quelqu'un à même de les réaliser. Son attente ne fut pas trompée. Les moyens d'exécution furent trouvés plus tard par la maison Merklin, où chacun peut apprécier les excellents résultats prévus et annoncés par M. Moncouteau.

On peut juger, par les nombreux travaux de M. Moncouteau, quelle nature d'élite était cet homme laborieux et infatigable.

En dehors de ses occupations ordinaires, de sa place d'organiste et de ses leçons, il était toujours à la recherche de quelque idée pratique et d'amélioration.

La plus grande préoccupation de M. Moncouteau à sa sortie de l'Institution des jeunes aveugles où il a remporté plusieurs premiers prix, et où il enseigna plusieurs facultés jusqu'en 1825, fut de perfectionner son instruction musicale, scientifique et littéraire ; il fit tous les sacrifices par lui-même et ne négligea rien pour arriver au but qu'il se proposait : son ambition n'était pas une grande fortune, mais une grande somme de savoir ; aussi quel agréable et profond causeur, et combien ses conversations avaient de charme et d'intérêt !

Quoique affligé de la plus grande des infirmités, il avait le caractère gai ; sa bonne figure, qui respirait l'aménité et la loyauté, était bien le miroir de sa belle âme, lui qui possédait tous les sentiments honnêtes de la délicatesse, de la justice, de la franchise et de la droiture. Il aimait à obliger et à rendre service par des conseils et des avis, et au besoin n'épargnant jamais ses démarches et ses fatigues.

Il eut un grand nombre d'élèves, et tous ont été à même d'apprécier les belles qualités de cet excellent professeur. Il était doux, patient, affable, bienveillant ; dans ses leçons, il était sans faiblesse et sans rigueur ; si une difficulté se présentait pour l'élève, au lieu de l'éluder, il l'aidait à la vaincre avec tous les soins consciencieux qui le caractérisaient ; de même que tout en étant fidèle aux principes traditionnels des grands maîtres, si une idée moderne faisant quelque peu dérogation à la règle générale.

lui était soumise, son premier mouvement était de faire objection, mais en analysant le passage et se rendant compte s'il faisait bon effet, il l'admettait ; par la raison que toute chose en ce monde est susceptible de modification et de perfectionnement : il doit en être de même pour la musique disait-il, à la condition toutefois que vous ne vous écarterez pas des règles fondamentales et que vous ne choquerez pas l'oreille et le bon goût.

La cruelle maladie qui devait le conduire au tombeau l'attaqua dans les premiers jours de décembre 1870, et pendant cinq mois il endura les plus grandes souffrances avec le calme et la résignation du martyr; les alternatives d'espérance et de désespoir pendant cette guerre désastreuse l'impressionnèrent beaucoup ; les privations qu'il eut à supporter pendant la rigueur de ce déplorable siége, ainsi que la mort de sa sœur qu'il aimait, épuisèrent le peu de forces qui lui restaient ; puis vinrent les tristes événements de cette lutte fratricide qui déchirèrent son cœur. Ces différentes causes réunies à sa maladie, contribuèrent à aggraver sa position, car l'amour de la patrie, de l'ordre, de la bonne foi et du devoir étaient portés chez lui au suprême degré.

Les soins les plus tendres et les plus minutieux lui furent prodigués par sa digne épouse, et je dois à la vérité de déclarer que s'il avait pu être sauvé, cette excellente femme l'aurait sauvé ; mais Dieu, par un inexorable décret, en avait décidé autrement.

Malgré ses grandes douleurs, il s'appliquait tous les jours à les dissimuler avec un courage incomparable, afin de soutenir le moral de son entourage. Néanmoins, le mardi 25 avril, je le trouvai plus abattu que d'ordinaire, et je lui fis la remarque que souvent des malades arrivés à la dernière extrémité se rétablissaient parfaitement ; il me répondit que d'après ce qu'il éprouvait il ne s'en relèverait pas, et qu'il sentait bien que Dieu avait fixé le terme de son existence par cette maladie.

En effet, ses pressentiments étaient exacts, et le 28 avril 1871, cet honnête homme rendit son âme à Dieu.

Ses funérailles furent, d'après son désir, aussi modestes et aussi convenables que ses goûts et ses habitudes l'avaient été durant toute sa vie.

Un cortége composé de sa famille, d'élèves reconnaissants et d'amis dévoués se firent un devoir de le conduire à sa dernière demeure, où, j'espère, il repose en paix dans le giron du Très-Haut, attendu que son idée fixe et constante était toujours de faire le bien et d'éviter le mal.

Paris. — Imprimerie de PILLET fils aîné, 5, rue des Grands-Augustins.

www.ingramcontent.com/pod-product-compliance
Lightning Source LLC
Chambersburg PA
CBHW070445080426
42451CB00025B/1671